BULLETIN OFFICIEL

DE

L'ILE DE LA RÉUNION.

(N° 50.)

MAI 1862.

N° 1125. — *DÉPÊCHE ministérielle relative aux navires étrangers achetés dans nos colonies en vue de la francisation.*

Paris, le 31 Mars 1862.

Monsieur le Gouverneur,

Aux termes des traités passés avec l'Angleterre et la Belgique, les navires de ces pays, de même que, provisoirement, en vertu des décrets des 25 août 1861, 5 février 1862, les navires des États-Unis d'Amérique et ceux construits au Canada, sont admissibles à la francisation aux conditions et sous le paiement des droits déterminés.

La disposition dont il s'agit s'étendant aux Antilles et à la Réunion, par l'effet de la loi du 3 juillet qui y rend applicable le tarif de la Métropole, l'exécution dans ces colonies en a été ainsi réglée, de concert entre mon Département et ceux du Commerce et des Finances.

Lorsqu'un Français, acquéreur d'un navire anglais, belge ou américain, réclamera l'attache coloniale, en vertu des actes précités, l'Administration locale, après avoir exigé, indépendamment des diverses justifications voulues, le paiement des droits d'importation (qui sont les mêmes pour la coque du navire dans les tarifs conventionnels que dans les décrets de 1851 et 1852), délivrera au propriétaire les papiers de bord, au moyen desquels le navire pourra naviguer sous pavillon français à toutes destinations, y compris les ports de la Métropole où il sera, de plein droit, admis à jouir du bénéfice de la nationalité au même titre que les autres navires français.

J'ajoute que, quant aux droits des machines ou moteurs, il a été décidé qu'en France, par extension des dispositions de la loi du 6 mai 1841, ces droits ne seront pas perçus toutes fois que le navire sera destiné à la navigation internationale maritime.

La même règle devra être suivie dans nos colonies.

En ce qui concerne le navire anglais, belge ou américain, qui, acheté par un Français, sera importé dans la Colonie avec l'intention de l'attacher à l'un des ports de la Métropole, le rôle des administrations coloniales sera le même que celui des consuls français à l'étranger, c'est-à-dire qu'il consistera uniquement dans la délivrance de congés provisoires, d'après les règles prescrites par la circulaire de M. le Ministre des Affaires étrangères, en date du 26 septembre 1861, dont vous trouvez ci-joint copie.

Il est entendu, d'ailleurs, que le régime des francisations exceptionnelles créé en vue de la pénurie, dûment constatée, des navires dans nos diverses colonies, n'est aucunement abrogé. Je n'ai pas besoin de rappeler qu'en vertu de ce régime, les navires ainsi pourvus de la francisation coloniale, ne peuvent prétendre en France aux privilèges de la nationalité, comme au surplus les congés qui leur sont délivrés doivent en faire mention expresse. Il m'a semblé d'autant plus convenable de ne pas priver nos colonies de ces facilités, qu'on peut prévoir, qu'en raison de l'élévation des droits, les demandes de francisation définitives, fondées sur les conventions et décrets, ne seront pas toujours en rapport avec les nécessités de la navigation locale.

Je vous invite à promulguer dans la Colonie les décrets des 25 août 1861 et 5 février 1862.

Recevez, Monsieur le Gouverneur, l'assurance de ma considération très distinguée.

Le Ministre Secrétaire d'État de la Marine et des colonies,
Comte P. DE CHASSELOUP-LAUBAT.

N° 1126. — *DÉPÊCHE ministérielle relative à la question d'attributions des amendes.*

Paris, le 7 Avril 1862.

Monsieur le Gouverneur,

La question s'est élevée, à la Martinique, de savoir si les amendes doivent être attribuées au Trésor de l'État, comme en France, ou bien si elles sont acquises au budget local, conformément à l'article 59 du décret du 26 septembre 1855 sur le service financier des colonies.

Cette dernière opinion me paraît la seule admissible. En effet, si, en France, les amendes appartiennent de droit au budget de l'État, à moins de dispositions spéciales, cette règle s'explique par la raison que l'ensemble des recettes de l'Enregistrement et des Domaines forme un des revenus du Trésor public ; mais elle ne saurait être admise dans les colonies, où les droits d'enregistrement, de timbre et d'hypothèques, sont classés parmi les recettes du budget local.

Ce principe étant posé, il s'agit d'appliquer aux amendes les dispositions métropolitaines, en tenant compte de la destination particulière de l'impôt de l'enregistrement et du timbre dans nos établissements d'outre-mer. Or, en France, les amendes figurent au budget de l'État parmi les revenus de l'Administration de l'Enregistrement et des Domaines; il importe donc que, par assimilation, les produits de l'espèce soient classés au chapitre des recettes du même service, et suivent dans leur attribution la nature du budget auquel ressort l'impôt dont ils font partie.

Voilà pour la question théorique. Si l'on examine maintenant cette question au point de vue pratique, il suffira d'énumérer la série des attributions d'amendes prononcées par les tribunaux pour se convaincre que, même en France, la majeure partie de celles-ci est acquise à d'autres caisses que le trésor public.

Ainsi les amendes de police rurale et municipale, prononcées par les juges de paix, sont attribuées aux communes; celles de police correctionnelle, qui n'ont trait ni au roulage, ni aux logements insalubres et qui ne sont pas prononcées à la requête de l'Administration forestière, sont attribuées aux départements.

Les autres appartiennent à l'État, sauf:

1° Les amendes pour logements insalubres qui sont attribuées aux hospices;

2° Celles en matière de roulage qui appartiennent soit à l'État, soit au département, soit à la commune, suivant que le délit puni a été commis sur une route impériale ou départementale, ou sur un chemin vicinal.

D'après cette énumération, l'État ne perçoit, en dehors des amendes prononcées à la requête de l'Administration forestière, et de celles en matière de routes, sur une route impériale, que les amendes prononcées par les cours d'assises et les tribunaux civils pour répression d'audiences, défaut de comparution et celles en matière civile.

Pour ces motifs, j'ai décidé que le produit des amendes appartient à la caisse locale, sauf dans quelques cas spéciaux régis par des dispositions particulières.

Ce même principe doit également servir à déterminer l'imputation des frais de justice. Il importe de distinguer à cet égard les avances faites par l'Administration de la Justice et dont le remboursement est fait naturellement au compte du budget de l'État, qui a fait l'avance; mais quant au droit d'enregistrement et de timbre en débet, ils ne sont autre chose que l'impôt lui-même dont la perception a été momentanément suspendue par les nécessités de la justice; dès lors, ces droits doivent être compris dans les recettes du budget local, lorsque le recouvrement en est effectué.

Recevez, Monsieur le Gouverneur, l'assurance de ma considération très distinguée.

Le Ministre Secrétaire d'État de la Marine et des colonies,

Comte P. DE CHASSELOUP-LAUBAT.

N° 1127. — ***DÉPÊCHE** du 11 avril* **1862**, *n°* **1154**, *(2e Direction: Personnel—2e Bureau: Inscription Maritime), relative à l'interprétation de l'article* **41** *du décret-loi du* **24** *mars* **1852**.

Monsieur le Gouverneur,

Les difficultés qui se sont élevées entre le Ministère public et l'Autorité Maritime de l'Ile de la Réunion, au sujet de l'interprétation de l'article 41 du décret-loi du 24 mars 1852, difficultés dont vous m'avez entretenu dans votre lettre du 4 décembre dernier, n° 254, m'ont paru tout d'abord devoir être résolues dans le sens de l'opinion soutenue par l'Administration de la Marine.

Ainsi, la disposition de l'article 41, d'après laquelle la peine de l'emprisonnement, prononcée hors de France par un Tribunal Maritime Commercial, est toujours subie dans la Métropole lorsqu'elle excède trois mois, a été uniquement inspirée par des considérations d'humanité, par le désir de soustraire les condamnés au danger d'une longue détention dans des climats défavorables aux Européens; elle n'est donc pas tellement absolue qu'un homme condamné à plus de trois mois d'emprisonnement ne puisse être provisoirement incarcéré dans la maison d'arrêt d'une colonie française, pour commencer à subir sa peine, s'il ne se présente point d'occasion immédiate de rapatriement. Par suite, les Procureurs impériaux des colonies ne seraient pas fondés à refuser de donner l'ordre d'écrou dans ce cas spécial, sous prétexte que la détention à prescrire, en attendant une occasion de renvoi en France, est une mesure de police administrative qui reste dans les attributions de l'Autorité Maritime. En effet, ce sont eux qui sont chargés, par le même article 41, d'assurer l'exécution de toutes les condamnations à l'emprisonnement, sans distinction aucune, qui émanent des tribunaux maritimes commerciaux. Les Commissaires de l'Inscription Maritime n'ont d'ailleurs qualité pour ordonner l'emprisonnement qu'à titre disciplinaire ou préventif, et encore, est-ce dans la limite rigoureuse de huit jours.

Toutefois, avant de trancher ces questions d'une manière définitive, j'ai voulu prendre l'avis de M. le Ministre de la Justice, attendu qu'elles intéressent le Ministère public et l'étendue de ses attributions. Mon Collègue s'est trouvé complètement d'accord avec moi pour reconnaître qu'une peine d'emprisonnement prononcée par la juridiction maritime commerciale peut recevoir un commencement d'exécution dans les colonies, même quand elle excède trois mois, et que, dans ce cas, c'est aux Procureurs impériaux d'assurer cette exécution. Sur ce dernier point il s'est exprimé ainsi :

« Il est de principe que le Ministère public a seul « mission de faire exécuter les peines (art. 165, « 197, 376 du Code d'instruction criminelle) et, « en ce qui concerne plus particulièrement l'Ile de « la Réunion, l'article 73 de l'ordonnance du 30 « septembre 1827, sur l'organisation judiciaire « et l'Administration de la Justice dans cette colo- « nie, porte que le Ministère public poursuivra « d'office l'exécution des jugements et arrêts dans « les dispositions qui intéressent l'ordre public. « Ces dispositions suffisent pour donner au Mi- « nistère public dans les colonies le droit de faire « écrouer le marin qui doit commencer à subir « sur place la peine dont il a été frappé. »

Je vous prie, Monsieur le Gouverneur, de porter le contenu de la présente dépêche à la connaissance du Procureur général de la Réunion, qui, du reste, à l'occasion de ce dissentiment avec l'Administration de la Marine, a montré un louable esprit de conciliation, en consentant à prêter momentanément à celle-ci une assistance contraire à son opinion personnelle, pour sauvegarder l'intérêt du service jusqu'à décision de l'Autorité supérieure.

Recevez, etc.

Le Ministre de la Marine et des colonies,

Comte P. de Chasseloup-Laubat.

N° 1128. — *ARRÊTÉ* *portant promulgation à la Réunion du décret impérial du 26 février 1862 qui règle les conditions de la navigation au cabotage dans les colonies.*

Du 13 Mai 1862.

Nous Gouverneur de l'île de la Réunion,

Vu la circulaire ministérielle du 26 mars 1862, n° 114, contenant des instructions sur l'application du décret impérial du 26 février 1862, qui règle les conditions de la navigation au cabotage dans les colonies;

Vu les articles 16 (§ 1 et 5), 63 et 86 (§ 21 et 22) de l'ordonnance organique du 21 août 1825, et l'article 9 du sénatus-consulte du 3 mai 1854, qui a réglé la constitution des colonies;

Sur le rapport de l'Ordonnateur,

Avons arrêté et arrêtons ce qui suit:

Le décret impérial du 26 février 1862, réglant les conditions de la navigation au cabotage dans les colonies, est promulgué à la Réunion.

L'Ordonnateur et le Procureur général sont chargés, chacun en ce qui le concerne, de l'exécution du présent arrêté, qui sera enregistré partout où besoin sera et inséré dans le *Journal officiel*, dans le *Bulletin officiel* de la Colonie, et porté, en outre, à la connaissance des marins par des affiches dans les diverses localités de la Colonie.

Fait à Saint-Denis, le 13 mai 1862.

Pour le Gouverneur en tournée:

***L'Ordonnateur*, DESMAZES.**

Par le Gouverneur:

***L'Ordonnateur*, DESMAZES.**

RAPPORT A L'EMPEREUR

SUIVI D'UN DÉCRET

RÉGLANT LES CONDITIONS DE LA NAVIGATION AU CABOTAGE

DANS LES COLONIES.

SIRE,

L'admission au commandement des bâtiments de commerce destinés à la navigation au cabotage dans nos colonies a été réglée par l'ordonnance royale du 31 août 1828.

Depuis cette époque, sont intervenus dans la Métropole divers actes qui ont modifié les conditions dans lesquelles s'exerçait la navigation de cabotage, et les droits que conférait le brevet de maître au cabotage. J'ai pensé qu'il convenait d'apporter aux règlements qui régissent nos colonies sur cette matière, les modifications introduites dans ceux de la métropole par le décret du 26 janvier 1857, en tenant compte des nécessités spéciales à chaque localité coloniale, et des difficultés résultant de la pénurie de sujets en état de subir les examens de théorie.

Dans cet ordre d'idées, trois catégories ont été établies pour les commandants des navires, bateaux, barques, alléges, gros-bois et autres embarcations au-dessus de 25 tonneaux de jauge, servant au transport des marchandises et des passagers, et surtout à celui des denrées coloniales. Ces trois catégories sont : le grand cabotage, le petit cabotage, le bornage.

Pour le grand cabotage, une extension des limites d'exercice a été consacrée relativement aux bases posées par l'ordonnance du 31 août 1828. Elle est motivée par les relations qui se sont développées depuis cette époque entre nos établissements du Sénégal et de la côte occidentale d'Afrique. Pour les colonies de l'Inde et de la Réunion, les limites restent fixées comme il a été prévu par l'ordonnance de 1828, c'est-à-dire qu'elles comprendront « les côtes et les îles situées sur les mers qui « s'étendent du cap de Bonne-Espérance jusques et y « compris les îles de la Sonde. »

En compensation des extensions de compétence accordées, les maîtres au grand cabotage devront désormais satisfaire au programme exigé en France pour l'examen de maître au cabotage, augmenté de notions sur la pratique du canonnage à bord. La défense éventuelle des côtes de nos colonies, les besoins de la flotte qui, depuis quelques années, recrute une partie des équipages des stations coloniales dans la population maritime de ces localités, justifient cette dernière addition.

Nonobstant le défaut de cours publics aux colonies et de tous autres moyens d'instruction théorique pour les candidats, j'ai pensé que l'extension donnée à la sphère d'action de la navigation au cabotage de nos colonies exigeait l'adoption d'un programme en rapport avec les progrès réalisés en France. A cette occasion j'appellerai l'attention de Votre Majesté sur l'utilité de l'institution, dans chaque localité coloniale importante, d'un cours spécial professé par l'un des officiers des divisions navales; la faible dépense nécessitée par cette institution serait facilement couverte par les budgets coloniaux.

Pour le petit cabotage, le projet nécessiterait les limites d'exercice posées par l'ordonnance du 31 août 1828, en tenant compte d'une légère extension déjà consacrée par l'usage depuis quelque temps, en ce qui touche les relations du Sénégal avec Sierra-Leone.

Le programme des connaissances exigées pour cette branche de navigation desservie par des marins pratiques, auxquels il faudra bien des années encore pour s'initier aux règles théoriques de l'art, a été, en conséquence, libellé dans des termes qui offrent plus de garanties que les conditions vagues posées par l'ordonnance de 1828.

Enfin, dans le but d'assurer au commerce local, et surtout à la production agricole, un complément de moyens indispensables pour le mouvement des denrées et des marchandises, le projet de décret ci-joint porte institution d'un 3e ordre de commandement sous le titre de *Bornage*. Les conditions à remplir pour cette sorte de navigation se rapprochent de celles usitées en France, mais sous les modifications que comportent les nécessités locales et les usages de la population coloniale.

Un délai d'un an, au moins, entre la publication du décret réglant les conditions des examens, sera accordé aux populations maritimes des colonies, pour qu'elles puissent se préparer à la pratique du régime nouveau.

Le projet que j'ai l'honneur de soumettre à Votre Majesté a été adopté par le Conseil d'amirauté. Si Votre Majesté lui donne son approbation, je la prie de vouloir bien apposer sa signature au bas du décret ci-annexé.

J'ai l'honneur d'être, Sire, de Votre Majesté, le très-humble et très-obéissant serviteur et fidèle sujet.

Le Ministre Secrétaire d'État de la Marine et des colonies,

Comte P. DE CHASSELOUP-LAUBAT.

DÉCRET

Du 26 février 1862.

NAPOLÉON, par la grâce de Dieu et la volonté nationale, EMPEREUR DES FRANÇAIS,

A tous présents et à venir, SALUT.

Vu l'ordonnance royale du 31 août 1828, sur le cabotage aux colonies;

Vu le décret impérial du 26 janvier 1857, sur l'admission au commandement des bâtiments du commerce dans les ports de l'Empire;

Vu le décret du 20 mars 1852, sur la navigation au bornage;

Sur le rapport de notre Ministre Secrétaire d'État au département de la Marine et des colonies;

Le Conseil d'amirauté entendu,

AVONS DÉCRÉTÉ et DÉCRÉTONS ce qui suit :

TITRE PREMIER.

DES DIVERSES CATÉGORIES DE NAVIGATION AUX COLONIES ET DE LEURS LIMITES RESPECTIVES.

Art. 1er. Dans les colonies de la Martinique, de la Guadeloupe, de la Guyane française, du Sénégal et dépendances, de la Réunion et de l'Inde, la navigation commerciale, autre que celle effectuée par les navires au long cours, comprend les catégories ci-après, savoir :

Le grand cabotage;

Le petit cabotage;

Le bornage.

Art. 2. La navigation au grand cabotage est celle qui s'exerce dans les limites suivantes :

Pour la Martinique, la Guadeloupe et la Guyane française, sur toute l'étendue des côtes et des îles situées entre le cap Saint-Roch, sur la côte orientale de l'Amérique du Sud et la partie septentrionale de l'île de Terre-Neuve, soit dans toute la portion de l'Atlantique comprise à l'ouest du 35e degré et entre les 5e de latitude sud et 52e de latitude nord.

Pour le Sénégal, entre les îles Canaries au nord, le Gabon au sud, et les îles du cap Vert à l'ouest, soit à l'est du 30e degré de longitude ouest, entre les parallèles de 0 à 30 degrés nord,

Pour la Réunion et les Établissements de l'Inde, sur les côtes et les îles situées dans les mers qui s'étendent du cap de Bonne-Espérance, jusques et y compris les îles de la Sonde.

Art. 3. La navigation au petit cabotage comprend :

Pour la Martinique et la Guadeloupe, l'espace situé entre le 8° et le 19° de latitude nord, et depuis le 64° de longitude occidentale du méridien de Paris, jusqu'à une ligne partant de l'extrémité ouest de l'île de Puerto-Rico et dirigée sur le cap Chichibaco, dans l'Amérique méridionale.

Pour la Guyane française, l'espace entre le fleuve des Amazones et celui de l'Orénoque.

Pour le Sénégal, le banc d'Arguin et le parcours entre ce point et Sierra-Leone.

Pour la Réunion, les côtes de l'île et les voyages entre ces côtes et l'île Maurice.

Dans l'Inde, pour Mahé, la côte de Malabar, depuis Surate jusqu'au cap Comorin; et pour les établissements situés sur la partie orientale de la presqu'île, la côte de Coromandel, depuis le Gange jusqu'à la pointe de Galles.

Art. 4. La navigation au bornage est celle faite d'un point à un autre de chaque colonie, ou entre la colonie et celles de ses dépendances qui sont situées à vue-d'œil du rivage, par une embarcation jaugeant au plus 25 tonneaux, avec faculté d'escales sur la côte des dites terres seulement.

Le chiffre de tonnage peut toutefois être élevé, mais seulement pour les chalands, alléges, gros-bois et autres embarcations de transport naviguant le long de la côte.

TITRE II.

DE LA RÉCEPTION DES MAÎTRES AU CABOTAGE.

Art. 5. Nul ne peut être admis à commander au grand cabotage ou au petit cabotage des colonies, s'il n'a satisfait à un examen sur la pratique et la théorie de la navigation

Art. 6. Chaque année, il est procédé à cet examen par une commission composée :

D'un officier supérieur de la marine impériale en activité de service, ou, à défaut, d'un officier commandant un bâtiment;

Du capitaine de port;

De deux capitaines au long cours, et (à défaut de professeur d'hydrographie) d'un professeur de mathématiques désigné par le Gouverneur.

La commission est présidée par l'officier de vaisseau ou par le capitaine de port, suivant la priorité de grade ou d'ancienneté, si ce dernier appartient au corps de la marine impériale et se trouve en activité de service.

Art. 7. Les examens sont publics. Ils ont lieu à l'époque et dans la localité fixées par le Gouverneur. Ils sont annoncés trois mois à l'avance.

Art. 8. Nul ne peut se présenter aux examens pour l'obtention du brevet de maître au grand cabotage ou au petit cabotage :

S'il n'est âgé de 24 ans accomplis, avant l'époque fixée pour les examens ;

S'il ne justifie de soixante mois de navigation effectués sur les bâtiments français, dont douze au moins à bord des bâtiments de l'État, autres que les stationnaires et les bâtiments de servitude employés dans l'intérieur des ports et rades.

L'embarquement à titre correctionnel ne peut être admis dans la supputation des douze mois de service à l'État (Décret-loi du 24 mars 1852, article 55).

Art. 9. Sont dispensés de la condition de douze mois de service à bord des bâtiments de l'État :

1° Les candidats qui ont subi une détention de plus de deux années dans les prisons de l'ennemi ;

2° Les candidats atteints d'infirmités évidentes, ou qui ont été déclarés impropres au service de la flotte d'une manière absolue par le conseil de santé de la colonie.

Ceux de ces derniers qui n'auront pas encore été portés sur la matricule des livres de service, ne pourront, toutefois, être admis aux examens sans une autorisation du Gouverneur.

Art. 10. Les candidats doivent produire :

1° Leur acte de naissance ou une pièce équivalente (ceux d'origine étrangère sont tenus de justifier de leur naturalisation ou de leur admission à domicile en pays français) ;

2° L'état de leurs services ;

3° Une attestation de bonne conduite délivrée par le maire du lieu de leur domicile et visée par le commissaire de l'inscription maritime ;

4° Les certificats des capitaines des bâtiments à bord desquels ils ont navigué, affirmant leur aptitude et leur bonne conduite.

Les certificats délivrés par les capitaines des navires de commerce doivent être visés par le commissaire de l'inscription maritime.

Il est procédé à l'inscription des candidats dont les pièces sont reconnues régulières, sur des listes nominatives (modèle n° 1), établies d'après l'espèce de commandement auquel aspirent les candidats; une annotation spéciale indique ceux d'entre eux qui désirent exercer le commandement de navires à vapeur.

Ces listes sont ouvertes au secrétariat de l'Ordonnateur; elles sont arrêtées et remises au président de la commission, avec toutes les pièces à l'appui, le jour fixé pour l'examen.

Art. 11. La commission procède à un tirage au sort des candidats portés sur les listes qui lui ont été remises.

Le sort indique l'ordre dans lequel les candidats sont interrogés.

Art. 12. Pour les maîtres au grand cabotage, l'examen de pratique porte :

1° Sur le gréement ;

2° Sur la manœuvre des bâtiments à voiles et des embarcations;

3° Sur les sondes ;

4° Sur la connaissance des fonds;

5° Sur le gisement des terres et écueils, les courants et les marées, dans les limites assignées à la navigation au grand cabotage des colonies;

6° Sur le canonnage.

Toutes les parties du programme sont également obligatoires.

Les candidats qui ont manifesté l'intention d'exercer des commandements de navires à vapeur sont seuls interrogés sur la manœuvre de ces bâtiments.

La commission peut se faire assister, avec voix consultative, du premier pilote ou d'un pratique du pays.

Les candidats déclarés admissibles peuvent seuls se présenter à l'examen de théorie. Ils reçoivent, à cet effet, un bulletin d'admission.

Il est procédé, en deux séances distinctes, à l'examen de *pratique* et à celui de *théorie*. Chacun de ces examens comporte une liste spéciale de candidats et un tirage au sort, conformément aux dispositions de l'article 11.

L'examen de théorie se divise en deux parties :

La première est relative aux questions orales;

La seconde aux questions écrites.

Les épreuves orales comprennent :

1° Les éléments d'arithmétique pratique;
2° Des notions élémentaires de géométrie;
3° Des éléments de navigation pratique;
4° Des notions élémentaires sur les machines à vapeur et leur application à la navigation, mais seulement pour les candidats qui se destinent à exercer des commandements de bâtiments à vapeur.

Les épreuves écrites comprennent :

1° Deux séries de calculs conformes aux types adoptés;
2° Une réponse écrite à l'une des questions de l'examen.

Toutes les conditions portées au présent sont également obligatoires.

Les candidats sont classés par ordre de mérite.

Les candidats déclarés inadmissibles à l'examen de théorie pourront se présenter à cet examen pendant deux années consécutives, et ainsi de suite, pourvu qu'ils aient accompli six mois de navigation pour chaque nouvelle période de deux années.

Art. 13. Pour les maîtres au petit cabotage, l'examen comprend à la fois la *théorie* et la *pratique*; il porte :

1° Sur le gréement;
2° Sur la manœuvre des bâtiments à voiles et des embarcations;
3° Sur l'usage de la boussole et de la carte réduite ;
4° Sur les sondes, la connaissance des fonds, le gisement des terres et écueils, la direction des courants, des marées et des vents, sur l'entrée des principaux ports et rades, le tout dans les limites assignées à la navigation au petit cabotage ;
5° Sur la lecture, l'écriture et les éléments d'arithmétique et de navigation pratique.

Art. 14. Les examens mentionnés aux articles 12 et 13 ci-dessus auront lieu conformément aux programmes détaillés ci-annexés.

Art. 15. La commission dresse des listes conformes au modèle n° 2, il y est fait mention, en ce qui touche le grand cabotage, des candidats admissibles qui ont fait preuve des connaissances exigées sur les machines à vapeur. Ces listes sont adressées au Gouverneur par l'intermédiaire de l'Ordonnateur.

Art. 16. Les candidats qui, ayant satisfait aux conditions ci-dessus, auront été déclarés admissibles à la suite des examens, recevront du Gouverneur le brevet de maître au grand cabotage ou de maître au petit cabotage des colonies (modèle n° 3), avec mention, pour les maîtres au grand cabotage, de leur aptitude à commander des navires à vapeur.

ART. 18. Les maîtres au grand cabotage des colonies qui voudront exercer dans une circonscription coloniale autre que celle de leur ressort, devront se présenter à l'examen dans cette nouvelle circonscription, mais seulement pour les matières énumérées au paragraphe 5 de l'article 12 ci-dessus. S'ils sont déclarés admissibles, leur brevet sera annoté par le Gouverneur de la nouvelle juridiction dans laquelle ils seront placés.

TITRE III.

DES CONDITIONS POUR LE COMMANDEMENT AU BORNAGE.

ART. 19. Tout marin définitivement inscrit et réunissant trente-six mois de navigation, dont douze sur les bâtiments de l'État, pourra commander au bornage.

ART. 20. Le rôle d'équipage de tout bâtiment ou embarcation armé au bornage mentionnera ce genre de navigation; il sera renouvelé annuellement, il sera assimilé au rôle des bâtiments ou embarcations armés au cabotage, en ce qui touche le décomptage des services et la prestation des invalides.

ART. 21. Les bâtiments et embarcations armés au bornage seront assimilés à ceux qui sont armés au cabotage, relativement aux infractions en matière de rôle d'équipage, d'indications à l'arrière, d'embarquement et de débarquement irréguliers.

ART. 22. Tout individu non autorisé, qui aura exercé le commandement d'une embarcation armée au bornage, sera puni d'une amende de cent francs.

Sera puni de la même peine tout patron au bornage qui aura exercé le commandement d'une embarcation de plus de vingt-cinq tonneaux, ou qui aura franchi la limite de parcours indiquée sur le rôle d'équipage.

ART. 23. Sera également puni d'une amende de cent francs tout patron pêcheur qui aura effectué un transport de marchandises ou de passagers.

ART. 24. Le commandement d'une embarcation armée à la petite pêche ne pourra être exercé que par un marin définitivement inscrit, sous peine de cinquante francs d'amende.

ART. 25. Les infractions prévues par le présent titre, autres que celles relatives à l'usurpation du commandement, qui sont du ressort des tribunaux maritimes commerciaux créés par le décret-loi du 24 mars 1852, et auxquelles sont applicables les dispositions des articles 8, 9, 10, 11 et 12 du décret du 19 mars 1852, seront recherchées et constatées par les commissaires de l'Inscription maritime, consuls et vice-consuls de France, officiers et officiers-mariniers commandant les bâtiments ou embarcations de l'État, les syndics des gens de mer, gardes maritimes, gendarmes et autres agents à ce préposés.

TITRE IV.

DISPOSITIONS GÉNÉRALES.

Art. 26. Des arrêtés des gouverneurs, rendus dans les limites de compétence fixées par le sénatus-consulte du 3 mai 1854, organique de la constitution coloniale, règlementent, dans chaque colonie, la police des embarcations non pontées, inférieures à 25 tonneaux de jauge.

Art. 27. Les dispositions du présent décret seront mises en vigueur à partir du 1er juillet 1863.

Elles pourront être successivement appliquées par arrêtés des gouverneurs, à chacune des autres colonies françaises non dénommées ci-dessus.

Ces arrêtés, qui devront être préalablement soumis à l'approbation de notre Ministre de la Marine et des colonies, fixeront les limites assignées, tant au grand qu'au petit cabotage, dans chaque localité.

Art. 28. Sont abrogées, à partir de la mise en vigueur du présent décret, toutes les dispositions contraires à celles qu'il contient, notamment l'ordonnance du 31 août 1828, en ce qui concerne la réception des maîtres au grand et au petit cabotage des colonies.

Art. 29. Notre Ministre Secrétaire d'État au départemen de la Marine et des colonies est chargé de l'exécution du présent décret, qui sera inséré au *Bulletin des lois* et au *Bulletin officiel de la marine et des colonies*.

Fait au palais des Tuileries, le 26 février 1862.

Signé NAPOLÉON.

Par l'Empereur :

Le Ministre Secrétaire d'État de la Marine et des colonies,

Signé Comte P. DE CHASSELOUP-LAUBAT.

ANNEXE N° 1.

Programme détaillé des matières exigées pour l'examen de théorie des marins qui aspirent au brevet de maître au grand cabotage des colonies.

§ Ier. ÉLÉMENTS D'ARITHMÉTIQUE PRATIQUE.

Numération des nombres entiers et des nombres décimaux.

Addition, soustraction, multiplication et division.

Fractions ordinaires. — Opérations sur les fractions

Mesures légales. — Anciennes mesures encore en usage.

Définition d'un rapport, d'une progression, des logarithmes.

Trouver un facteur inconnu dans l'égalité de deux produits.

Enoncer les propriétés des logarithmes.

Règles de trois, d'intérêt, d'escompte, de société, de mélange.

§ II. NOTIONS ÉLÉMENTAIRES DE GÉOMÉTRIE.

Notions sur les lignes, les surfaces, la circonférence du cercle, l'angle rectiligne et sa mesure, les triangles rectilignes.

Usage de la règle, du compas et du rapporteur.

Construction de quelques problèmes élémentaires.

Tirer une échelle de parties égales.

Explication simple du vernier.

Définition des lignes trigonométriques. — Usage des tables des logarithmes sur ces lignes.

Mesurer la surface d'un triangle rectiligne, d'un parallélogramme, d'un trapèze, d'un polygone quelconque.

Longueur d'une circonférence, surface d'un cercle.

Évaluer le volume d'une pyramide, d'un cône, d'un tronc de pyramide, d'un parallélipipède, d'un prisme, d'un cylindre.

Définitions relatives à la sphère. — Sa surface. — Son volume.

§ III. ÉLÉMENTS DE NAVIGATION PRATIQUE.

Définitions des termes d'astronomie employés dans les calculs nautiques les plus usuels.

Notions sur le temps moyen et le temps vrai, sur les saisons de l'année, sur les phases de la lune.

Usage des éphémérides. Détails sur les problèmes qui s'y rapportent.

Description, vérification et usage de l'octant et du sextant ; vérifier si l'instrument est bien exécuté.

Horizons liquides et à glace. Caler un horizon à glace.

Corriger une hauteur observée du soleil ou de la lune.

Réciproquement passer de la hauteur vraie à la hauteur observée.

Moyen de déterminer l'heure d'un lieu par l'observation de la hauteur du soleil.

Heure du lever et du coucher vrais ; heure du lever et du coucher apparents.

Trouver l'état absolu et la marche diurne d'un chronomètre sur le temps moyen.

Déterminer à l'aide d'un chronomètre, soit l'heure de Paris, soit l'heure du bord en temps moyen.

Usage du compteur.

Trouver la latitude du navire pour la hauteur méridienne du soleil et de la lune.

Trouver la longitude du navire par les montres marines.

Compas de route. — Compas de variation. — Trouver la variation du compas par une hauteur de soleil, par les levers vrais ou apparents de cet astre, par son passage au premier vertical.

Correction des routes. — Loch. — Courants. — Sondes.

Marées. Trouver l'heure et la hauteur d'une pleine mer par les éphémérides.

Cartes marines. — Problèmes usuels sur la carte.

Quartier de réduction. — Tables de point.

Résolution des problèmes des routes.

Machines à vapeur.

Notions élémentaires sur le travail mécanique. — Kilogrammètre. — Cheval-vapeur.

Pesanteur de l'air. — Pression de l'atmosphère. — Sa mesure.

De la chaleur et de ses principaux effets.

Formation. — Condensation et emploi de la vapeur.

Division des machines à vapeur en machines à haute et à basse pression, avec ou sans condensation. — Aperçu sur les principaux systèmes de machines marines, à roues et à hélice.

Appareils générateurs de la vapeur. — Des chaudières les plus usitées à bord des navires. — Chaudières tubulaires. — Fourneaux et conduits de flamme. — Tubes et plaques à tubes. — Tirants et entretoises. — Cheminées.

Combustible. — Diverses espèces de houilles.

Manomètres. — Soupapes de sûreté.

Indicateurs du niveau d'eau et robinets. — Jauges.

Diverses natures d'eaux. — Eau de mer. — Dépôts et incrustations. — Extraction à la main. — Extraction continue.

Du cylindre et de ses orifices. — Tiroirs. — Détente. — Piston. — Sa tige et ses garnitures.

Condensateur. — Pompe à air. — Injection. — Bâche et tuyau de décharge.

Pompes alimentaires.

Organes de transmission du mouvement. — Mise en train.

Arbres de couche. — Ses manivelles et ses paliers.

Roues à aubes. — Démonter et remonter les aubes à la mer.

Différents systèmes d'hélices. — Emmanchement de l'hélice avec son arbre. — Butée. — Hélices fixes et hélices folles. — Puits et appareils de remontage.

Entretien de la machine et des chaudières. — Soins à prendre au port et à la mer. — Approvisionnements et rechange.

Exemples d'avaries survenues dans les organes des machines et moyens employés pour les réparer avec les ressources du bord.

Observation. — Chaque candidat sera interrogé sur les principaux détails de la machine qu'il déclarera le mieux connaître.

Canonnage.

Parties principales du canon.

Ustensiles nécessaires à la charge.

Exercice du canon d'un bord, récité ou suffisamment expliqué.

Conservation de la poudre et des artifices.

Artifices employés pour signaux de nuit.

Poids des charges de poudre par rapport à celui du boulet rond.

Emploi du boulet et de la mitraille ensemble ou séparément.

Explication simple du but en blanc. — A quoi sert la hausse.

Pratique du tir à ricochet.

Mettre un canon hors de service avant de l'abandonner à l'ennemi. — Désenclouer un canon laissé par l'ennemi.

Précautions de défense à prendre contre l'abordage par des embarcations.

ANNEXE N° 2.

Programme des matières exigées pour l'examen de théorie des marins qui aspirent au brevet de maître au petit cabotage des colonies.

Écrire et énoncer un nombre entier ou décimal.

Addition, soustraction, multiplication et division des nombres entiers ou décimaux.

Notions sur les fractions ordinaires les plus simples et sur leur conversion en fractions décimales.

Exposition du système métrique. — Anciennes mesures encore en usage.

Ligne droite. — Circonférence, centre, rayon, corde, diamètre. — Division de la circonférence en degrés et en heures.

Angle rectiligne, sommet, côtés; angle droit, aigu ou obtus.

Rapporteur équerre.

Par un point d'une droite mener une seconde droite qui fasse avec la première un angle égal à un angle donné.

Droites perpendiculaires; droites parallèles.

Par un point donné, mener une droite perpendiculaire ou parallèle à une autre droite.

Carrer une surface et cuber un volume de forme rectangulaire.

Horizon; points cardinaux; rose des vents.

Aiguille aimantée; compas de route; compas de relèvement; variations.

Corriger un relèvement de la variation.

Dérive; corriger une route au compas de la variation et de la dérive.

Problème inverse.

Lieue marine et mille marin; usage du loch et du sablier.

Quartier de réduction.

Cartes marines; latitude et longitude d'un lieu.

Pointer sur la carte un lieu dont on connaît la latitude et la longitude.

Trouver la latitude et la longitude d'un point marqué sur la carte.

Tracer un rhumb de vent par un point donné.

Trouver le rhumb de vent qui passe par deux points donnés.

Moyen pratique de porter une distance sur une direction donnée et d'obtenir la distance entre deux points de la carte.

En vue d'une côte, trouver le point sur la carte par le relèvement de deux points ou par le relèvement d'un seul point et sa distance.

Usage de la sonde.

Connaissant le point de départ et une ou plusieurs

routes parcourues, trouver le point d'arrivée par le quartier et sur la carte.

Notions pratiques sur les marées.

Moyen général de tenir compte des courants dans l'évaluation de la route.

ANNEXE N° 3.

Programme des matières exigées pour l'examen de pratique des marins qui aspirent au brevet de maître au grand et au petit cabotage des colonies (1).

Nomenclature des diverses parties d'un bâtiment, de la coque, de la mâture, du gréement, des voiles. — Dénominations diverses données aux navires et aux embarcations d'après leur système de voilure.

Nœuds, amarrages, épissures et garnitures diverses appliquées à toute espèce de filin. — Procédés pratiques pour tailler, coudre et réparer les voiles et leurs ralingues. — Le candidat exécutera devant la Commission des nœuds et une couture.

Description du gouvernail : son effet. — Divers systèmes de barres. — Avaries du gouvernail. Monter et démonter. — Gouvernail de fortune. — Gouverner quand on donne la remorque et quand on est remorqué.

Principes de l'arrimage. — Placement du lest. — Ce qu'on appelle stabilité. — Ce qu'on appelle être en différence. — Effets de la différence pour rendre le navire ardent ou mou.

Avaries dans la mâture. — Réparer une vergue. — Ce que c'est qu'un écart de charpentier. — Changement de mâts de hune ; — de voiles ; de vergues ; — de beau et de mauvais temps. — Prendre des ris de mauvais temps.

Manœuvre des embarcations. — Description pratique de leur construction.

Appareillages dans toutes les circonstances. — Virements de bord. — Mise en panne. — Louvoyage. — Mettre à la cape. — Fuir devant le temps.

Mouiller. — Affourcher avec des câbles en chaîne ou en filin. — Manœuvre des ancres. — Ancre flottante.

Échouage volontaire ou accidentel. — Béquillage du navire. — Faire côte par un temps forcé ou en présence de l'ennemi. — Devoirs du capitaine dans un naufrage. — Radeaux.

Tenue des journaux de bord.

(1) Ce programme est commun aux deux espèces de navigation et dans les limites assignées à chacune d'elles.

Courants généraux, permanents ou propres à chaque saison. — Influence du vent régnant ou d'un coup de vent de la veille sur les courants. — Marques qui peuvent faire reconnaître que l'on est dans certains courants ou sur certains fonds.

Usage de la grande sonde et de la sonde à main. — Description des diverses natures de fond. — Corriger les sondes.

Précautions à prendre pour attérir la nuit.

Description des ports principaux et de l'aspect général des côtes. — Questions sur les routes à faire pour aller de tel point à tel point

(Dans les limites assignées respectivement au grand et au petit cabotage.)

Article 10
du décret du 26 fév. 1862.

EXAMEN

Pour l'obtention du brevet

DE MAITRE AU CABOTAGE.

MODÈLE N° 1.

PORT
d

Année

ARRONDISSEMENT
MARITIME
d

Liste des candidats inscrits pour l'examen au secrétariat de l'Ordonnateur.

NOMS et PRÉNOMS.	Lieu et date de la naissance.	Quartier f° et n° d'inscription.	Grade au service.	NAVIGATION effective		Pièces produites.	*Observations.*
				à l'État.	au commerce.		

Arrêté la présente liste, contenant candidats inscrits pour l'obtention du brevet de maître au cabotage.

A le 186

L'Ordonnateur.

Article 15 du décret du 26 fév. 1862.

ARRONDISSEMENT MARITIME d

EXAMEN DE (1) POUR L'OBTENTION DU BREVET DE MAÎTRE AU CABOTAGE.

MODÈLE N° 2.

PORT d

ANNÉE

LISTE des candidats examinés par la Commission.

NUMÉROS de la liste d'inscription.	NOMS ET PRÉNOMS des candidats par ordre de mérite.	NUMÉRO d'admission par ordre de mérite.	*Observations.* Les candidats qui n'auront pas satisfait à l'examen seront inscrits à la suite de la présente série, sous le titre : *Seconde série : inadmissibles.*
	PREMIÈRE SÉRIE. — ADMISSIBLES.		

(1) Pratique ou de théorie (en ce qui concerne le grand cabotage).

Arrêté la présente liste au nombre de candidats, dont reconnus admissibles et inadmissibles.

A le 186 .

Les Membres de la Commission d'examen,

Article 16 du décret du COLONIE d Enregistré au secrétariat de l'Ordonnateur. N°	MARINE IMPÉRIALE.	Modèle N° 3. BREVET de MAITRE AU CABOTAGE. Enregistré au bureau de l'inscription maritime à N°

DE PAR L'EMPEREUR

LE GOUVERNEUR certifie que le sieur , né à
le a été admis à commander les bâtiments du commerce destinés pour
le cabotage.

En conséquence, le présent Brevet a été délivré pour servir au dit sieur à se faire reconnaître, lorsqu'il y aura lieu, en qualité de maître au cabotage par les commandants des escadres, vaisseaux, frégates et autres bâtiments de l'État, officiers civils et militaires de la Marine, tribunaux de commerce, corps administratifs et tous autres qu'il appartiendra.

Le dit brevet sera enregistré au bureau de l'inscription maritime du quartier d
le mil huit cent

Par le Gouverneur:

L'Ordonnateur,

N° 1129. — *ARRÊTÉ qui accorde à M. Joseph Lelièvre, propriétaire à Saint-Paul, la concession d'un volume de deux cent vingt-deux litres d'eau à la seconde à prendre dans la ravine Saint-Gilles.*

Du 1er Mai 1862.

NOUS GOUVERNEUR DE L'ILE DE LA RÉUNION,

Vu l'article 137 de l'ordonnance du 31 août 1828, sur le mode de procéder devant les Conseils privés;

Vu les articles 30 et 31 du décret colonial du 5 août 1839, sur les concessions de biens domaniaux;

Vu la requête formée par M. Joseph Lelièvre, propriétaire à Saint-Paul, la dite requête enregistrée au Secrétariat du Conseil privé, le 28 novembre 1861, sous le n° 598, et tendant à obtenir la concession d'un volume d'eau de deux cent vingt-deux litres à la seconde à prendre dans la ravine Saint-Gilles;

Vu le plan des lieux joint à la dite requête;

Attendu que la demande dont il s'agit a été affichée pendant six semaines aux mairies de Saint-Denis, Saint-Paul et Saint-Leu, et que pendant ce délai il n'est survenu aucune opposition;

Vu l'avis favorable de l'Ingénieur chef du service des Ponts-et-Chaussées;

Après avoir entendu le Directeur de l'Intérieur dans son rapport et le Contrôleur colonial dans ses conclusions favorables à la demande;

Considérant toutefois qu'en prévision de travaux d'intérêt général qui nécessiteraient l'emploi de ces eaux, il convient de faire à cet égard les réserves les plus expresses pour que le requérant n'ait à se plaindre dans l'avenir d'aucun préjudice provenant du fait du Gouvernement;

Avons arrêté et arrêtons, conformément à la décision du Conseil du contentieux :

Art. 1er. Il est accordé à M. Joseph Lelièvre, propriétaire à Saint-Paul, la concession d'un volume de deux cent vingt-deux litres d'eau à la seconde à prendre dans la ravine Saint-Gilles, à l'endroit indiqué au plan sus-mentionné, sous la réserve des droits des tiers et aux conditions suivantes :

1° Le concessionnaire ne pourra prétendre à aucune indemnité dans le cas où, pour des motifs d'intérêt général, l'Administration aurait à restreindre ou même à supprimer complètement la concession qui lui est faite ; et dans le cas, notamment, où elle reconnaîtrait la nécessité d'appliquer les eaux dont il s'agit au service d'un établissement maritime qui viendrait à être créé à la pointe La Houssaye ou sur tout autre point du littoral de la commune de Saint-Paul ;

2° Le concessionnaire n'exercera ses droits que sur l'eau qui restera après que la commune aura pris les deux cent vingt-deux litres à la seconde qui lui ont été concédés.

2. Les travaux à faire pour la conduite d'eau seront solidement établis et exécutés sous la direction et la surveillance des agents des Ponts-et-Chaussées ; ils devront être terminés dans le délai d'un an à peine de déchéance.

Après leur confection, M. Joseph Lelièvre devra faire, à ses frais, constater leur état par un rapport de l'Ingénieur en chef, dont une expédition sera déposée au Contrôle, et l'autre à la Direction de l'Intérieur.

3. Le Directeur de l'Intérieur est chargé de l'exécution du présent arrêté, qui sera inséré au *Bul.*

letin officiel de la Colonie et déposé au Contrôle colonial.

Saint-Denis, le 1er mai 1862.

Pour le Gouverneur en tournée :

L'Ordonnateur,
DESMAZES.

Par le Gouverneur :

Le Directeur de l'Intérieur,
CH. DE LAGRANCE.

N° 1130. — *ARRÊTÉ qui transfère au* Journal officiel *le droit exclusif d'insérer les annonces judiciaires ou légales à publier dans l'arrondissement du Vent.*

Du 1er Mai 1862.

NOUS GOUVERNEUR DE L'ILE DE LA RÉUNION,

Vu l'arrêté du 19 mai 1852 qui a conféré au *Moniteur de l'Ile de la Réunion* le droit exclusif de publier les annonces judiciaires et légales de l'arrondissement du Vent tant qu'il conservera son caractère officiel ;

Vu notre arrêté du 25 avril dernier portant que le titre de journal officiel est retiré au *Moniteur de la Réunion* et qu'une feuille spéciale sous le titre de *Journal officiel* sera exclusivement consacrée à l'insertion des actes de l'Autorité;

Sur le rapport du Directeur de l'Intérieur,

Le Conseil privé entendu,

AVONS ARRÊTÉ ET ARRÊTONS :

Art. 1er. Le droit exclusif d'insérer les annonces judiciaires ou légales à publier dans l'arrondissement du Vent, conféré au *Moniteur de la Réunion* par arrêté du 19 mai 1852, est transféré au *Journal officiel de la Colonie.*

Cette disposition recevra son effet jusqu'au 1er janvier 1863.

Art. 2. Le Directeur de l'Intérieur et le Procureur Général sont chargés, chacun en ce qui le concerne, de l'exécution du présent arrêté, qui sera publié, enregistré partout où besoin sera et inséré au *Bulletin officiel* de la Colonie.

Saint-Denis, le 1er mai 1862.

Pour le Gouverneur en tournée :

L'Ordonnateur,
DESMAZES.

Par le Gouverneur :

Le Directeur de l'Intérieur,
CH. DE LAGRANGE.

N° 1131. — *ARRÊTÉ qui alloue une indemnité de trois mois de solde aux agents inférieurs forestiers qui ont refusé d'être incorporés dans le service de la police.*

Du 9 Mai 1862.

NOUS GOUVERNEUR DE L'ILE DE LA RÉUNION,

Vu l'article 9 du sénatus-consulte du 3 mai 1854 ;

Vu l'arrêté en date du 13 mars dernier qui supprime les brigadiers de 2e classe et les gardes des Eaux et Forêts et autorise spécialement le passage de ces agents dans le cadre de la police générale ;

Vu le budget du service local pour l'année 1862 ;

Vu la lettre du Chef du service de l'Enregistrement et des Domaines en date du 25 avril dernier ;

Sur la proposition du Directeur de l'Intérieur,

Avons arrêté et arrêtons :

Art. 1er. Une indemnité de trois mois de solde est allouée aux agents inférieurs forestiers qui ont refusé d'être incorporés dans le service de la police, lors de la suppression du personnel secondaire des Eaux et Forêts.

Cette indemnité sera imputée sur la somme de six mille six cent quatre-vingt-sept francs cinquante centimes (6,687 f. 50) prévue au budget du service local pour l'année 1862 (Section 1re, Dépenses obligatoires, Chapitre 1er, Personnel, article 1er, Agents entretenus du service forestier et du service domanial).

2. Le Directeur de l'Intérieur est chargé de l'exécution du présent arrêté, qui sera inséré au *Bulletin officiel* de la Colonie et déposé au Contrôle colonial.

Saint-Denis, le 9 mai 1862.

Pour le Gouverneur en tournée :

L'Ordonnateur,
DESMAZES.

Par le Gouverneur :

Le Directeur de l'Intérieur,
Ch. de Lagrange.

N° 1132. — *ARRÊTÉ qui autorise l'Administration des Domaines à acquérir de M. De Guigné, propriétaire à Saint-Benoit, une portion de terrain située à la Rivière de l'Est.*

Du 10 Mai 1862.

Nous Gouverneur de l'ile de la Réunion,

Vu l'article 9 du sénatus-consulte du 3 mai 1854, qui règle la constitution des colonies ;

Vu la lettre de M. l'Ingénieur en chef, du 15 avril dernier, de laquelle il résulte qu'il y a lieu d'accorder une indemnité à M. De Guigné à raison de la cession qu'il a consenti à faire à l'Administration, d'une portion de terrain située à la Rivière de l'Est, envahie par la route Impériale, lors de la rectification de la rampe des Chicots;

Attendu que cette indemnité a été fixée par une expertise régulière dont le résultat ne présente rien d'exagéré;

Sur le rapport du Directeur de l'Intérieur,

Le Conseil privé entendu,

AVONS ARRÊTÉ ET ARRÊTONS:

Art. 1er. L'Administration des Domaines est autorisée à acquérir de M. De Guigné, propriétaire à Saint-Benoit, pour le prix de deux cent soixante dix-huit francs un centime, une portion de terrain située à la Rivière de l'Est, comportant cent mètres de longueur sur onze mètres de largeur, la dite portion de terrain se trouvant occupée par la route Impériale, conformément au plan ci-annexé.

2. Le Directeur de l'Intérieur est chargé de l'exécution du présent arrêté, qui sera enregistré où besoin sera, inséré au *Bulletin officiel* de la Colonie et déposé au Contrôle.

Saint-Denis, le 10 mai 1862.

Pour le Gouverneur en tournée:

L'Ordonnateur,
DESMAZES.

Par le Gouverneur:

Le Directeur de l'Intérieur,
CH. DE LAGRANGE.

N° 1153. — *ARRÊTÉ fixant la solde de travail des militaires de la 4e Compagnie disciplinaire employés aux travaux de la route cavalière, par le littoral, entre Saint-Denis et la Possession.*

Du 15 Mai 1862.

NOUS GOUVERNEUR DE L'ILE DE LA RÉUNION,

Vu l'article 16, § 2, de l'ordonnance du 21 août 1825;

Vu les arrêtés ministériels des 17 octobre 1856 et 17 juillet 1857, relatifs aux militaires employés dans les arsenaux des ateliers du Gouvernement aux Colonies;

Vu l'arrêté du 27 mars 1862, portant fixation de la solde de travail des militaires de la 4e Compagnie disciplinaire employés aux travaux publics;

Vu la lettre du Commandant de la dite Compagnie, celle de l'Ingénieur en chef, concernant les militaires employés à la route cavalière, par le littoral, entre Saint-Denis et la Possession;

Considérant que si les allocations prévues dans notre arrêté du 27 mars dernier, sont suffisantes quand il s'agit de travaux ordinaires, il n'en saurait être de même pour ceux de la portion de route entre Saint-Denis et la Possession, qui s'exécutent sur le versant du Cap Bernard, dans des lieux d'un accès très difficile;

Considérant que pour se rendre sur les travaux, les détachements et les officiers qui les conduisent sont obligés de faire plusieurs fois par jour un trajet long et pénible, sur le bord de la mer, au milieu des galets et des roches, et de gravir des pentes escarpées; qu'il en résulte pour tous un surcroît de dépenses considérable et d'usure de leurs vêtements dont il est juste de les indemniser;

Sur le rapport du Directeur de l'Intérieur,

AVONS ARRÊTÉ ET ARRÊTONS :

Art. 1er. La solde de travail des militaires de la 4e Compagnie disciplinaire employés aux travaux de la route cavalière, par le littoral, entre Saint-Denis et la Possession, est fixée ainsi qu'il suit :

Chefs d'atelier	1f	par journée de présence.
Ouvriers de toutes classes	0 75	id. id.

2. Les indemnités accordées par l'article 4 de l'arrêté du 27 mars 1862 aux officiers, sont doublées en ce qui concerne les officiers chargés de conduire les détachements sur les travaux de la route dont il s'agit.

3. Le présent arrêté recevra son exécution à compter du 1er mai 1862.

4. Le Directeur de l'Intérieur est chargé de l'exécution du présent arrêté, qui sera enregistré partout où besoin sera et inséré au *Bulletin officiel* de la Colonie.

Saint-Denis, le 15 mai 1862.

Baron DARRICAU.

Par le Gouverneur :

Le Directeur de l'Intérieur,

CH. DE LAGRANGE.

N° 1134. — *DÉCISION concernant la vérification des poids et mesures.*

Du 20 Mai 1862.

LE DIRECTEUR DE L'INTÉRIEUR,

Vu les articles 11 et 20 de l'arrêté du 29 décembre 1840, et 3 de l'arrêté du 16 juin 1860, concernant les poids et mesures,

DÉCIDE :

Art. 1er. La vérification périodique des poids et mesures pour l'année 1862 aura lieu à l'Hôtel de la Mairie des diverses communes ci-après désignées, aux époques suivantes :

A La Possession, le 2 juin;
A Saint-Paul, les 3, 4, 5, 6, 7, 8, et 9;
A Saint-Leu, les 12 et 13;
A Saint-Louis, les 16, 17, 18, et 19;
A Saint-Pierre, les 22, 23, 24, 25, 26, 27 et 28;
A Saint-Joseph, les 2 et 3 juillet;
A Saint-Philippe, le 5;
A Sainte-Rose, le 7;
A Saint-Benoit, les 9, 10, 11, 12, 13, 14 et 15;
A la Plaine des Palmistes, le 18;
A Saint-André, les 19, 20 et 21;
A Salazie, le 24;
A Sainte-Suzanne, les 26, 27 et 28;
A Sainte-Marie, le 30;
A Saint-Denis, du 1er au 30 septembre.

2. Chaque assujetti devra se présenter au bureau de la vérification muni de sa patente.

3. Messieurs les Maires sont chargés de donner la plus grande publicité à la présente décision.

Saint-Denis, le 20 mai 1862.

CH. DE LAGRANGE.

N° 1135. — *ARRÊTÉ portant modification à l'arrêté du 25 février 1862, rendu sur le service sanitaire, à l'occasion de l'épidémie de choléra à Maurice.*

Du 22 Mai 1862.

NOUS GOUVERNEUR DE L'ILE DE LA RÉUNION,

Vu notre arrêté du 25 février dernier portant prescription de dispositions sanitaires préventives contre la provenance de Maurice en raison de l'épidémie de choléra qui règne dans cette île;

Vu les réclamations des pêcheurs des diverses

parties du littoral et le préjudice que porte à cette industrie l'interdiction absolue de la pêche de nuit écrite dans l'article 4 du dit arrêté ;

Vu l'avis du Conseil sanitaire ;

Vu les articles 16 et 40 de l'ordonnance organique du 21 août 1825 et l'art. 9 du sénatus-consulte du 3 mai 1854 qui a réglé la constitution des colonies ;

Sur le rapport de l'Ordonnateur,

AVONS ARRÊTÉ ET ARRÊTONS ce qui suit :

Art. 1er. L'article 4 de l'arrêté sus-visé du 25 février 1862, est rapporté en ce qui concerne *la pêche de nuit.*

2. La pêche extérieure à la mer avec bateaux et pirogues, la nuit, rentre en conséquence sous l'empire des dispositions de l'article 23 de l'ordonnance locale du 5 juin 1819 sur la police de la pêche, modifiées par celles de l'article 9 de l'arrêté du 28 janvier 1852, concernant la police des embarcations.

3. Toute communication en mer entre les bateaux et pirogues de pêche et d'autres bâtiments et embarcations, quelle qu'en soit la provenance, sera poursuivie comme infraction, soit à l'art. 21 de la même ordonnance locale du 5 juin 1819 et punie de *cent francs* d'amende au profit de la Caisse des Invalides de la Marine, outre la confiscation de l'embarcation édictée par le dit article, soit aux dispositions du titre IV de l'ordonnance locale du 15 mai 1824 sur la police sanitaire, suivant les circonstances et la gravité des cas.

4. L'Ordonnateur et le Procureur Général sont chargés, chacun en ce qui le concerne, de l'exécution du présent arrêté, qui sera enregistré partout où besoin sera et inséré dans le *Journal offi-*

ciel et dans le *Bulletin officiel* de la Colonie.

Saint-Denis, le 22 mai 1862.

Baron DARRICAU.

Par le Gouverneur :

L'Ordonnateur,

DESMAZES.

N° 1136.—*ARRÊTÉ concernant les frais de professorat des petits séminaires portés au budget métropolitain, les frais de domesticité de l'Évêque et les bourses allouées au Collége diocésain au compte du budget du service local.*

Du 24 Mai 1862.

NOUS GOUVERNEUR DE L'ILE DE LA RÉUNION,

Vu le décret du 3 février 1851 constitutif des Évêchés coloniaux ;

Vu les dépêches ministérielles des 18 février 1851 et 9 décembre 1852 ;

Vu la décision épiscopale du 7 mai dernier, chargeant provisoirement MM. Margeries, chanoine, de l'administration spirituelle, et Martin, chanoine, de l'administration temporelle du diocèse, en attendant l'arrivée de M. Fava, vicaire général ;

Sur la proposition de l'Ordonnateur et du Directeur de l'Intérieur,

AVONS ARRÊTÉ ET ARRÊTONS :

Art. 1er. Les frais de professorat des petits séminaires, portés au budget métropolitain, les frais de domesticité de l'Évêque et les bourses allouées au Collége diocésain au compte du budget du service local, seront, pendant l'absence de Monseigneur, payés sur mandats émis au nom de M. Martin, secrétaire de l'Évêché, jusqu'à l'arrivée de M. Fava, vicaire général.

2. L'indemnité prévue par l'article 7 du décret précité du 3 février 1851, sera payée au compte du budget du service métropolitain, sur le pied de 3,000 fr. par an, conformément aux dispositions de la dépêche ministérielle du 18 février 1851, à M. Margeries, chanoine, jusqu'à l'arrivée de M. Fava, vicaire général.

Ces dispositions auront leur effet à compter du 7 mai courant et cesseront le jour où M. Fava sera de retour dans la Colonie.

3. Pendant toute l'absence de l'Évêque, M. Martin recevra, sur les fonds du budget métropolitain, en qualité de secrétaire de l'Évêché, une indemnité sur le pied de 1,200 fr. par an à compter du 7 du courant.

4. L'Ordonnateur et le Directeur de l'Intérieur sont chargés, chacun en ce qui le concerne, de l'exécution du présent arrêté qui sera enregistré et déposé au Contrôle.

Saint-Denis, le 24 mai 1862.

Pour le Gouverneur empêché :

L'Ordonnateur,
DESMAZES.

Par le Gouverneur :

L'Ordonnateur,
DESMAZES.

Le Directeur de l'Intérieur,
CH. DE LAGRANGE.

N° 1137. — *MERCURIALE des denrées et productions coloniales, d'après laquelle la Douane aura à percevoir les droits de sortie pendant le mois de mai 1862.*

NATURE DES DENRÉES ET DES PRODUCTIONS DE L'ILE DE LA RÉUNION.	ESPÈCE des unités.	PRIX. F.	PRIX. C.
Denrées coloniales.			
Café	les 100 kil.	160	»
Cacao	id.	100	»
Épices diverses.. { Pimens.... / Ravensara . }	id.	100	»
Girofle (clous de)	id.	60	»
Girofle (griffes de)	id.	15	»
Macis	id.	225	»
Muscades	id.	100	»
Miel de toute sorte	le litre	1	75
Vanille	le kilogram.	110	»
Sucre premier type	les 100 kil.	58	»
Sucre deuxième type	id.	52	»
Sucre troisième type	id.	27	»
Pommes de terre et oignons	id.	15	»
Légumes secs	id.	25	»
Produits industriels.			
Chocolat	id.	250	»
Huile essentielle de girofle	le litre	3	»
Sacs de vacoa	les 100 sacs	20	»

Fait à Saint-Denis, le 28 avril 1862.

Les Membres de la Commission présents,

Signé: BRIENNE, directeur, CARTIER, GAMIN, BERTHO, HUSSON et LHUILLIER.

Approuvé en séance du Conseil privé, le 1er mai 1862.

Pour le Gouverneur en tournée :

L'Ordonnateur,
DESMAZES.

Par le Gouverneur :

Le Directeur de l'Intérieur,
CH. DE LAGRANGE.

N° 1138. — *MERCURIALE des marchandises étrangères, d'après laquelle la Douane aura à percevoir les droits d'entrée pendant le mois de mai 1862.*

DÉSIGNATION DES MARCHANDISES.	UNITÉS.	PRIX.	DROITS par navires français.	DROITS par navires étrangers.
		f. c.		
Tortues { des Séchelles....	Le kilog.	75	exempt	10 %
Tortues { de Madagascar...	La tête	1	Id.	Id.
Gibier, volailles...........	Id.	1 25	Id.	Id.
Dindons et poules d'Inde..	Id.	5	Id.	Id.
Oies.....................	Id.	4	Id.	Id.
Canards..................	Id.	2	Id.	Id.
Laine en masse pour matelas	Le kilog.	2	20 %	30 %
Nattes { de jonc et d'écorce......	La pièce	3	6 %	10 %
Nattes { pour parquets { en rotin....	Le m. carré	6	Id.	Id.
Nattes { pour parquets { en bambou...	Id.	4	Id.	Id.
Nattes { Persiennes.... { en rotin.....	Id.	6	6 %	Id.
Nattes { Persiennes.... { en bambou...	Id.	4	Id.	Id.
Nattes { fines.................	La pièce	2	Id.	Id.
Nattes { communes.............	Id.	1	Id.	Id.
Vannerie. — Paniers en rotin à linge................	Id.	12	Id.	Id.
Chaudières de fonte et de potin..................			15 %	25 %
Moulins à égrener.........			Id.	Id.
Pompes en bois non garnies.			Id.	Id.
Voitures à quatre roues { riches.....	Id.	3500	20 %	30 %
Voitures à quatre roues { ordinaires.	Id.	2500	Id.	Id.
Cabriolets { riches.........	Id.	1500	Id.	Id.
Cabriolets { ordinaires.....	Id.	1000	Id.	Id.
Objets de collection.......	Id.		1 %	2 %
Cabarets en bois laqué, avec dessins en or, du Japon.	Id.		12 %	prohib.
Balais en crins de coco, manche bambou.........	La douzaine	18	Id.	Id.
Bateaux chinois, en racine de bambou, avec sculptures représentant personnages.................	La pièce	30	Id.	Id.
Bateaux en ivoire, représentant les bateaux de plaisance des Chinois........	Id.	100	Id.	Id.
Bandèges en bambou peint.	Le jeu de 3	9	Id.	Id.
Boîtes à whist et jetons en ivoire sculpté.... { 1re qualité	La boîte	50	Id.	Id.
Boîtes à whist et jetons en ivoire sculpté.... { 2e idem.	Id.	20	Id.	Id.
Boîtes en bois rouge, laquinées, avec sculptures (petites ou moyennes)...	Id.	15	Id.	
Boîtes de coquilages......	Id.	5	Id.	
Boîtes à insectes, cadre en				Id.
verre, contenant toutes				Id.

DÉSIGNATION DES MARCHANDISES.	UNITÉS.	PRIX.	DROITS par navires français.	DROITS par navires étrangers.
		f. c.		
sortes d'insectes.........	La boîte		12 %	prohib.
Boîtes recouvertes d'un tissu de soie, contenant peintures, pinceaux, etc.......	Id.	15	Id.	Id.
Boîtes jeux d'enfants, en carton ou bois peint, contenant petits instruments en cuivre, etc...........	Id.	12 50	Id.	Id.
Boîtes à mouchoirs, en bois laqué, dessins de personnages et de fleurs en or...	Id.	15	Id.	Id.
Boîtes à thé en bois laqué, dessins, etc. — ordinaires.		10		
Boîtes à thé en bois laqué, dessins, etc. — à 2 compartiments, riches...	Id.	35	Id.	Id.
Boîtes à thé en bois laqué, dessins, etc. — à 4 compartiments.	Id.	50	Id.	Id.
Boîtes à ouvrage, en bois laqué, dessins en or sur or, garnis en ivoire ou en os.	Id.	60	Id.	Id.
Boîtes communes à ouvrage.	Id.	20	Id.	Id.
Boîtes à cigares, en bois laqué, dessins en or sur or, l'intérieur garni d'une boîte en plomb...........	Id.	6	Id.	Id.
Boîtes à jeu, en bois laqué, dessins en or sur or......	Id.	45	Id.	Id.
Boîtes à tabac à fumer, en cuivre, avec incrustations de nacre du Japon.......	Id.	20	Id.	Id.
Boîtes à priser, en cuivre, avec incrustations de nacre du Japon..............	Id.	20	Id.	Id.
Boîtes à francs-maçons, cadres en bois avec incrustations de nacre du Japon..	Id.	60	Id.	Id.
Albums — de 12 feuilles....		18	Id.	Id.
Albums — de 24 feuilles....		30	Id.	Id.
Boîtes contenant 10 tasses en bois, bois laqué, servant de tasses à thé, avec incrustations de nacre du Japon.................	Id.	30	Id.	Id.
Bonnets de mandarins, toques en velours, garnis en soie, boutons de diverses couleurs................	La pièce	5	Id.	Id.
Cabarets en laque rouge...	Id.	10	Id.	Id.
Cabinets pour enfants, petites armoires à tiroirs, en				

DÉSIGNATION DES MARCHANDISES.	UNITÉS.	PRIX.	DROITS par navires français.	DROITS par navires étrangers.
bois laqué, avec dessins en or...	La pièce	f. c. 40	12 °/。	prohib.
Cages à oiseaux en rotin très fin imitant le fil de fer....	Le jeu de 4	10	Id.	Id.
Chapelets noirs faits en noix de coco du Japon........	La pièce	10	Id.	Id.
Cahiers en ivoire, peints, représentant figures et costumes chinois...........				Id. Id.
Casse-têtes, en bois de sandal, en os ou en ivoire...	Id.	5	Id.	
Cassettes incrustées de pierres de Nankin, représentant des personnages, etc....	Id.	125	Id.	Id.
Colliers en bois de sandal..	Le kilog.	20	Id.	Id.
Corbeilles à pain, en bois laqué, avec dessins en or.............. laque noire.	Le jeu de 3	12	Id.	Id.
Corbeilles à pain, en bois laqué, avec dessins en or.............. laque rouge.	Id.	25	Id.	Id.
Couverts chinois, composés du couteau, des 2 bâtons et de cure-dents en os ou en ivoire...............	La pièce	2 50	Id.	Id.
Couteaux à beurre, en ivoire ou en nacre, manche sculpté................	Id.	7 50	Id.	Id.
Cuillers à thé, en bois laqué, avec incrustations en nacre du Japon.........	Id.	1	Id.	Id.
Cuillers à moutarde, en nacre ou en ivoire.........	Id.	2	Id.	Id.
Echiquiers en bois laqué, dessins en or sur or......	Id.	12 50	Id.	Id.
Ecrans en plumes coloriées et à manche d'ivoire......	Id.	6	Id.	Id.
Ecrans en tissus de soie, manche en ivoire sculpté.	Id.	10	Id.	Id.
Encre chinoise............	Les 6 bât.	5	Id.	Id.
Encriers en bois laqué, avec dessins en or...........	La pièce	10	Id.	Id.
Enseignes en bois laqué, avec dessins en or......	Id.	200	Id.	Id.
Etuis en ivoire sculpté, représentant personnages. petits..	Id.	1	Id.	Id.
Etuis en ivoire sculpté, représentant personnages. grands.	Id.	5	Id.	Id.
Eventails de toutes sortes, avec dessins en or sur or. en os.....	Id.	5	Id.	Id.
Eventails de toutes sortes, avec dessins en or sur or. en plumes.	Id.	8	Id.	Id.
Eventails de toutes sortes, avec dessins en or sur or. en laque..	Id.	12	Id.	Id.
Eventails de toutes sortes, avec dessins en or sur or. en sandal.	Id.	15	Id.	Id.
Eventails de toutes sortes, avec dessins en or sur or. en ivoire..	Id	20	Id.	Id

DÉSIGNATION DES MARCHANDISES.	UNITÉS.	PRIX.	DROITS par navires français.	par navires étrangers.
Feuilles de bétel peintes et représentant fleurs, oiseaux, personnages, etc.	La boîte	f. c. 6	12 °/₀	prohib.
Feuilles de papier de riz peintes, représentant fleurs, oiseaux, personnages, etc.	Le c. de 12 f.	25	Id.	Id.
Fiches en ivoire et en nacre.	Le jeu	50	Id.	Id.
Fleurs en ivoire.........	La d. de pots	75	Id.	Id.
Jeux d'échecs en ivoire ou en os, simples, non montés sur boules...........	Le jeu	15	Id.	Id.
Jeux d'échecs en ivoire, montés sur boules en ivoire les unes dans les autres.	Id.	80	Id.	Id.
Jeux d'échecs en ivoire (1re grandeur), dits montres.	Id.	400	Id.	Id.
Jeux de fiches en nacre, avec dessins imprimés ou sculptés....................	Id.	25	Id.	Id.
Jeux de bagues en os ou en ivoire.................	Id.	3	Id.	Id.
Jeux diablotins en os ou en ivoire.................	Id.	3	Id.	Id.
Joss-tick, allumettes composées de sciure de bois et colle de fiente de vache ..	Le kilog.	2 50	Id.	Id.
Joss-tick à odeur sandal, allumettes composées de sciure de bois de sandal et colle de fiente de vache..	Id.	5	Id.	Id.
Instruments de musique (espèce de guitare).........	La pièce	4	Id.	Id.
Espèce de fauteuils à tiroirs en bambou............	Id.	30	Id.	Id.
Lanternes chinoises en tissu de soie extrêmement léger, peintures diverses........ carrées.	Id.	20	Id.	Id.
Lanternes chinoises en tissu de soie extrêmement léger, peintures diverses........ rondes.	Id.	5	Id.	Id.
Malles en carton, composition carton peint et verni imitant le cuir..........	Le jeu de 5	40	Id.	Id.
Malles de camphre, en bois de camphre, recouvertes en cuir, pour la conservation des habits et du linge...................	Id.	200	Id.	Id.
Malles de camphre, en bois de camphre, avec coins en cuivre, sans cuir........	Id.	150	Id.	Id.

DÉSIGNATION DES MARCHANDISES.	UNITÉS.	PRIX.	DROITS par navires français.	DROITS par navires étrangers.
		f. c.		
Mousse du Japon..........	Le kilog.	15	12 %.	prohib.
Paniers en écaille travaillée à jour..................	La pièce	70	Id.	Id.
Paniers à linge, en petit rotin fendu en plusieurs parties..................	Le jeu de 3	30	Id.	Id.
Parapluies chinois en papier peint et huilé, manches bambou................	La pièce	3	Id.	Id.
Paravents, bordure en laque, fond en papier... .	Id.	60	Id.	Id.
Petits bateaux faits en noix de coco, et représentant les bateaux des Tancadaires....................	Id	5	Id.	Id.
Peignes en écaille (grands et petits)...............	Id.	5	Id.	Id.
Petits magots en pierre tendre et propres à détacher la soie.................	Id.	2	Id.	Id.
Petits animaux en plâtre peint....................	Les mille	50	Id.	Id.
Petits garde-manger, l'extérieur garni de paille du Japon.................	La pièce	25	Id.	Id.
Persiennes en rotin très fin, dessins de toutes sortes..		4	Id.	Id.
Peintures sur papier de riz.	La feuille	2 50	Id.	Id.
Petits plateaux pour bouteilles, en bois laqué, dessins en or..............	La pièce	2	Id.	Id.
Pipes chinoises, tuyaux en bambou et rotin, pipes composition étain, cuivre, etc....................	Id.	2	Id.	Id.
Plateaux pour plats, en rotin tissé très fin........	Le jeu de 4 ou 5	5	Id.	Id.
Plateaux pour plats, en bois laqué avec dessins en or sur or.................	Id.	60	Id.	Id.
Porte-cartes de visites en écaille imprimée et incrustée, intérieur garni en soie....................	La pièce	10	Id.	Id.
Porte-cartes de visites en ivoire sculpté...........	Id.	10	Id.	Id.
Porte-cartes de visites en nacre plaquée et incrustée.	Id	5	Id.	Id.
Porte-cartes en laque, avec dessins en or sur or......	Id		d.	Id

DÉSIGNATION DES MARCHANDISES.	UNITÉS.	PRIX.	DROITS par navires français.	DROITS par navires étrangers.
Porte-montres en bois laqué et dessins or sur or......	Le jeu de 4 ou 5	8	12 %	prohib.
Porte-joss-tick, sorte de bateaux en bois laqué contenant allumettes, intérieur garni de plomb.........	Id.	3	Id.	Id.
Porte-éventails en carton, extérieur garni en soie brodée................	Id.	2	Id.	Id.
Porte-tabac en carton, extérieur garni en soie brodée....................	Id.	5	Id.	Id.
Porte-cigares { communs.	La pièce	3	Id.	Id.
Porte-cigares { fins.......	Id.	10	Id.	Id.
Poupées représentant des petits Japonais..........	Id.	5	Id.	Id.
Pupitres en bois laqué, dessins en or sur or.. { pour dames..	Id.	30	Id.	Id.
Pupitres en bois laqué, dessins en or sur or.. { pour hommes.	Id.	50	Id.	Id.
Pupitres en bois de racine, garniture extérieure en cuivre..................	Id.	60	Id.	Id.
Sacoches en ivoire, porte-flacons d'odeurs sculptés à jour....	Id.	20	Id.	Id.
Semainiers en ivoire, travaillés à jour et sculptés..	Id.	100	Id.	Id.
Semainiers en bois de sandal, avec incrustations riches....................	Id.	75	Id.	Id.
Semainiers en bois laqué avec incrustations riches.	Id.	12 50	Id.	Id.
Souliers chinois imitant les pieds des femmes chinoises, faits en plâtre et recouverts de soie.........	La paire	5	Id.	Id.
Tables en bambou........	Le jeu de 6	10	Id.	Id.
Tabatières en écaille, avec incrustations représentant personnages............	La pièce	30	Id.	Id.
Tables-guéridons en bois laqué, dessins or sur or. Les tables entrent les unes dans les autres..........	Le jeu de 4	50	Id.	Id.
Tables à échiquier, avec dessins or très riches, garnies de nacre, pour les jetons..	La pièce	225	Id.	Id.
Tables à thé, en bois laqué, dessins en or sur or......	Id.	60	Id.	Id.

DÉSIGNATION DES MARCHANDISES.		UNITÉS.	PRIX.	DROITS par navires français.	DROITS par navires étrangers.
			f. c.		
Tables à ouvrage, en bois laqué, dessins or sur or.....	1re qualité.	La pièce	175	12 %	prohib.
	2e idem..	Id.	100	Id.	Id.
Tableaux, intérieurs chinois, peintures sur toile représentant personnages, etc.		Id.	20	Id.	Id.
Tableaux, vues de Canton, Macao, Boca, Tigris, etc., peintures sur toile.......		Id.	20	Id.	Id.
Tableaux, paysages chinois.		Id.	20	Id.	Id.
Tableaux sur verre, encadrement en bois sculpté..		Id.	10	Id.	Id.
Tableaux en paille de couleur, cadres en bois laqué du Japon..............		Id.	125	Id.	Id.
Vide-poches en écaille ou ivoire, sculptés à jour....		La paire	30	Id.	Id.
Toiles et percales blanches et écrues....	Conjons Nos 14	La pièce de 31 à 33 mètres et au-dessous.	22	20 %	Id.
	Conjons 16		22	Id.	Id.
	Conjons 18 et 19		22	Id.	Id.
	Conjons 23		30	Id.	Id.
	Conjons 26		30	Id.	Id.
	Conjons 30		40	Id.	Id.
	Conjons 36		50	Id.	Id.
	Écrues.....	La p. de 15 à 16 m.	7	Id.	Id.
Filature blanche et écrue..		Id.	6	Id.	Id.
Salem-poor...............		Id.	7	Id.	Id.
Percale bleue, dite *sandercana*................		La p. de 8m et au-dessous.	4 50	Id.	Id.
Percale bleue ordinaire....				Id.	Id.
Toiles à carreaux..........		La p. de 15 à 16 m.	5	Id.	Id.
Mouchoirs dits *burgos*.....		La p. de 8 m.	2	Id.	Id.
Pantalons et chemises de toile grossière, servant au vêtement des travailleurs.		La pièce	1 50	Id.	Id.
Toiles à voiles, de coton...		Le mètre	0 70	Id.	Id.
Guinées ou toiles bleues	Filature.....	La p. de 15 à 16 m.	12 50	12 %	Id.
	Salem.......	Id.	8	Id.	Id.
	Oréarpoléon.	Id.	8	Id.	Id.
	Conjons.....	Id.	10	11	Id.
Meubles..	Fauteuils à dossier renversé, de Pondichéry.	La pièce	20	10 %	Id.
	Fauteuils droits	Id.	15	Id.	Id.
	Chaises.......	Id.	6	Id.	Id.

DÉSIGNATION DES MARCHANDISES.	UNITÉS.	PRIX.	DROITS par navires français.	DROITS par navires étranger.
		f. c.		
Tabourets...............	La pièce	4	10 °/o	prohib.
Jouets d'enfants..........	Id.		Id.	Id.
Pantoufles de Pondichéry..	La paire	40	12 °/o	Id.
Peaux de cabri de Pondichéry........	Les 100	75	6 °/o	
Peaux de mouton de Pondichéry........	Id.	45	Id.	

Fait à Saint-Denis, le 28 avril 1862.

Les Membres de la Commission présents,

Signé : Brienne, directeur, Cartier, Gamin, Bertho, Husson et Lhuillier.

Approuvé en séance du Conseil privé, le 1er mai 1862.

Pour le Gouverneur en tournée :

L'Ordonnateur,

DESMAZES.

Par le Gouverneur :

Le Directeur de l'Intérieur,

Ch. de Lagrange.

N° 1159. — NOMINATIONS, PROMOTIONS ET MUTATIONS.

Évêché.

— Par décision ministérielle en date du 2 avril 1862,

S. Exc. le Ministre de la Marine et des colonies a approuvé le congé accordé à M. l'abbé Plassiard, prêtre de la Réunion.

— Par décision de S. Exc. le Ministre de la Marine et des colonies, en date du 14 avril 1862, le congé accordé à M. Nanninck, prêtre de la Réunion, est approuvé et la durée en est fixée à 3 mois.

— Par arrêté du Gouverneur en date du 1er mai 1862, Monseigneur Maupoint, Evêque de Saint-Denis, a été autorisé à aller jouir en France d'un congé.

M. l'abbé Levillain, vicaire général, a été autorisé à accompagner Monseigneur Maupoint.

— Par décision en date du 1er mai 1862, M. l'abbé Renou, aumônier des Prisons et de l'Hôpital colonial, a été nommé curé de Saint-Étienne, au Brûlé de Saint-Denis, en remplacement de M. l'abbé Marcotte, en congé.

M. l'abbé Tardy, vicaire à la Cathédrale, a été nommé aumônier des Prisons et de l'Hôpital colonial, en remplacement de M. l'abbé Renou.

— Par décision en date du 6 mai 1862, M. l'abbé Fava, premier vicaire général, est chargé de l'administration du Diocèse, pendant l'absence de Monseigneur Maupoint.

En raison de l'absence momentanée de M. l'abbé Fava, M. l'abbé Martin, chanoine, secrétaire de l'Évêché, est chargé de le remplacer auprès du Gouvernement dans tous les rapports de service.

M. l'abbé Margeries, chanoine, est chargé, jusqu'à l'arrivée de M. l'abbé Fava, de l'administration du Diocèse pour toutes les questions de l'ordre spirituel et les rapports avec le clergé.

Administration Militaire.

— Par dépêche du 28 mars 1862, un congé de convalescence de 3 mois a été accordé à M. Bourgeois (Denis), lieutenant de gendarmerie.

Administration de la Marine.

— Par dépêche ministérielle du 1er avril 1862, le congé de convalescence accordé à M. Chazaren, aide-commissaire de la Marine, est approuvé pour trois mois.

—Par dépêche ministérielle du 7 avril 1862, n° 143, notification est faite du décret impérial du 29 mars précédent qui nomme M. Collas (Auguste-Marie-Alcibiade) aux fonctions de premier médecin en chef de la Marine à la Réunion, en remplacement de M. Petit, admis à la retraite.

— Par décision ministérielle du 7 avril 1862, la démission de M. Massélis, écrivain de la Marine, est acceptée.

— Par ordre de service de l'Ordonnateur, du 3 mai 1862, pris sur la proposition du Chef du service de santé, M. Freslon, chirurgien auxiliaire de la Marine de 2e classe, provenant de Mayotte et dépendances, est mis à la disposition du commandant de la frégate la *Sibylle*, pour remplir sur ce bâtiment les fonctions de chirurgien major.

— Par ordre de service de l'Ordonnateur, en date du 8 mai 1862, M. Béliard (Léon), chirurgien de la Marine de 3e classe, provenant de Mayotte et dépendances, est mis à la disposition du Chef du service de santé pour être employé dans les hôpitaux de la Colonie.

— Par décision du Gouverneur, prise le 10 mai 1862, sur la proposition de l'Ordonnateur ensemble celle du Directeur de l'Intérieur, le sieur Bellon (Louis), syndic des pêcheurs à Saint-Paul, est révoqué pour manquement aux obligations de ses fonctions en ce qui concerne l'exécution de l'arrêté du 25 février 1862 sur le service sanitaire.

— Par ordre de service de l'Ordonnateur, en date du 13 mai 1862, M. Gaubert (Fortuné), chirurgien de la Marine de 3ᵉ classe, provenant de la Métropole, est mis à la disposition du Chef du service de santé pour être employé dans les hôpitaux de la Colonie.

— Par ordre de service de l'Ordonnateur, en date du 15 mai 1862, M. Rolland (Jean-Marie), sous-commissaire de la Marine de 1ʳᵉ classe, provenant de l'Inde, est appelé à servir au détail des Revues et Armements.

— Par ordre de service de l'Ordonnateur, pris le 15 mai 1862, sur la proposition du Commissaire des hôpitaux, le sieur Daniel (Charles) est nommé infirmier-major à l'hôpital militaire de Saint-Denis, en remplacement du sieur Régnier, démissionnaire.

— Par ordre de service de l'Ordonnateur, en date du 21 mai 1862, M. Lejeune (Alfred-Joseph), commis entretenu de la Marine, en passage à la Réunion pour se rendre à Mayotte, est attaché au détail des Fonds en attendant son départ pour cette dernière colonie.

— Par ordre de service de l'Ordonnateur, pris le 23 mai 1862, sur la proposition du Chef du service de santé, M. Béliard (Léon), chirurgien de la Marine de 3e classe, est mis à la disposition de M. le Directeur de l'Intérieur pour être employé au service du Lazaret.

— Par ordre de service de l'Ordonnateur, du 23 mai 1862, approuvé par M. le Gouverneur, et pris sur la proposition du Capitaine de Port, le sieur Concmaus (Jules) est nommé syndic des pêcheurs à Saint-Denis, en remplacement du sieur Médor Féler, démissionnaire.

— Par ordre de service de l'Ordonnateur, en date du 26 mai 1862, M. Leclos, sous-commissaire de la Marine, est désigné pour faire partie de la Commission des morues à Saint-Denis, en remplacement de M. Romieux, officier du Commissariat de même grade.

— Suivant décision du Gouverneur, rendue le 30 mai 1862, sur la proposition de l'Ordonnateur, M. Saint-Marc (Ernest), écrivain du Commissariat de la Marine, est licencié à dater du 31 mai;

— M. Ferrando (Jean-Baptiste), écrivain temporaire, à dater du 10 juin;

— M. Marrau (Charles), écrivain temporaire, à dater du 10 juin.

— Par décision du Gouverneur, prise le 30 mai 1862, sur le rapport de l'Ordonnateur, le sieur Espéron, syndic des pêcheurs à la Possession, est révoqué pour actes d'insoumission.

— Par ordre de service de l'Ordonnateur, du 30 mai 1862, approuvé par M. le Gouverneur, et pris sur la proposition du Capitaine de Port, le sieur Dupuis (Jean), ancien patron, est nommé syndic des pêcheurs à la Possession, en remplacement du sieur Espéron, révoqué.

— Par décision du Gouverneur, prise le 31 mai 1862, sur la proposition de l'Ordonnateur, M. Lamendour (Eugène), commis de la Marine, est mis en position de congé jusqu'au jour de l'acceptation de la démission de son emploi par le Ministre.

Administration de l'Intérieur.

— Par décision de S. Exc. le Ministre des Finances, en date du 2 avril 1862, M. Berhau, contrôleur de 1re classe, a été promu au grade d'inspecteur des contributions à l'Ile de la Réunion.

— Par décision de S. Exc. le Ministre de la Marine et des Colonies, en date du 15 avril 1862, M. Lantz a été nommé préparateur d'histoire naturelle au Musée de Saint-Denis, en remplacement de M. Prud'homme, décédé.

— Par décision de S. Exc. le Ministre des Finances, en date du 24 avril 1862, M. Boullay a été nommé inspecteur de 1re classe des contributions pour continuer ses services à la Réunion.

— Par arrêté du Gouverneur, en date du 6 mai 1862, M. Amat est nommé à un emploi de préposé-surveillant de la fabrication et de la vente des rhums, en remplacement de M. Vassal, décédé.

— Par décision du Directeur de l'Intérieur, en date du 10 mai 1862, M. Vergès, sous-chef de bureau de 2e classe à la Direction de l'Intérieur, est chargé des fonctions de garde-magasin du service local, en remplacement de M. Legras.

— Par arrêté du Gouverneur, en date du 18 mai 1862, M. de Châteauvieux, Maire de Saint-Leu, est nommé membre de la Commission chargée de réviser la législation en vigueur sur le service des Eaux et Forêts, en remplacement de M. Desprez, décédé.

— Par arrêté du Gouverneur, en date du 18 mai 1862, MM. Sauger, conseiller privé, et Morel, avocat, sont nommés membres du Conseil général en remplacement de MM. Desprez, décédé, et le baron de Keating, nommé à l'emploi de Secrétaire-Général de la Direction de l'Intérieur.

— Par arrêté du Gouverneur, en date du 27 mai 1862, M. Leclos, sous-commissaire de la Marine, est nommé président de la Commission chargée de vérifier la qualité des morues, en remplacement de M. Romieux, démissionnaire.

— Par arrêté du Gouverneur, en date du 27 mai 1862, M. Regnier (Charles-Henry-Ferdinand) est nommé provisoirement, sauf l'approbation du Ministre, à un emploi de commis à la Direction de l'Intérieur.

— Par arrêté du Gouverneur, en date du 27 mai 1862, M. Buttié, conducteur de 3e classe des ponts-et-chaussées, entre en jouissance de sa solde coloniale à partir du jour de son débarquement dans la Colonie.

— Par arrêté du Gouverneur, en date du 30 mai 1862, M. Lamendour (Eugène) est nommé percepteur des contributions à Saint-Leu, en remplacement de M. Preau, appelé à d'autres fonctions.

— Par arrêté du Gouverneur, en date du 30 mai 1862, M. Auriol, contrôleur divisionnaire des contributions, est nommé, sur sa demande, à un emploi de préposé-surveillant de la fabrication et de la vente des rhums.

— Par arrêté du Gouverneur, en date du 30 mai 1862, M. Preau, percepteur des contributions à Saint-Leu, est nommé contrôleur de 2me classe des contributions diverses à la résidence de Saint-Louis (6me division), en remplacement de M. Auriol, appelé à d'autres fonctions.

Administration de la Justice.

— Par arrêté ministériel en date du 14 mars 1862, sont nommés :

Suppléant de la Justice de Paix de Saint-Paul, M. Dupont (Ferdinand), notaire, en remplacement de M. Adamolle (Charles) ;

Suppléant de la Justice de Paix de Saint-Leu, M. Adamolle (Charles), ancien notaire.

— Par arrêté ministériel en date du 14 mars 1862, sont nommés :

Greffier de la Justice de Paix de Saint-Pierre, M. Cadet (Philibert), greffier de la Justice de Paix de Saint-Leu, en remplacement de M. Pellier, décédé.

Greffier de la Justice de Paix de Saint-Leu, M. Lebreton (Volcenay), en remplacement de M. Cadet, nommé greffier de la Justice de Paix de Saint-Pierre.

CERTIFIÉ CONFORME :

Le Contrôleur colonial,

DESROBERT.

www.ingramcontent.com/pod-product-compliance
Ingram Content Group UK Ltd.
Pitfield, Milton Keynes, MK11 3LW, UK
UKHW021017180726
13838UKWH00004B/1568